Der Reisebegleiter

W0470486

Märkische Schweiz

Renate Kingma

Argon/PVB

© 1993	Argon Verlag GmbH Potsdamer Straße 77-87 10785 Berlin und Potsdamer Verlagsbuchhandlung Gutenbergstraße 71-72 14467 Potsdam
Textnachweis	Bertolt Brecht, »Der Blumengarten«, »Rudern, Gespräche«, »Heißer Tag« aus: Gesammelte Werke. © Suhrkamp Verlag Frankfurt am Main 1967
Karten	Ingo Scheffler, Berlin
Bildnachweis	Archiv Der Tagesspiegel/Argon, S. 6 unten, 12 Fahlbusch, Potsdam: S. 17, 19, 26, 37, 42, 43, 59, 60 oben Harald Hirsch, Potsdam: S. 7-10, 13, 20-25, 27, 28 oben u. rechts unten, 29, 30, 31 oben, 32-35, 46-50, 52, 55 Thomas Kläber, Cottbus: S. 28 unten links, 31 unten Heinz Reincke, Buckow: S. 6 oben, 14, 15, 18 Ingo Scheffler, Berlin: S. 4, 53, 54, 56, 60 unten Stiftung Archiv der Akademie der Künste, Berlin/ Brecht-Archiv: S. 38 u. 39 (Fotos: Schubert), 45 (Fotos: Kraushaar)
Umschlag	Maria Herrlich unter Verwendung des Fotos »Blick von der Bollersdorfer Höhe über den Schermützelsee nach Buckow« von Ingo Scheffler, Berlin
Layout und Satz	AS Satz & Grafik, Berlin
Lithographie	Druckpunkt Druckerei & Repro GmbH, Berlin
Farblithographie	Winster Lithographie, Berlin
Druck und Bindung	Graphischer Großbetrieb Pößneck
ISBN	3-930088-25-8

Inhalt

5 **Statt eines Vorwortes: Fontane über Buckow**
Buckow? - Nein Danke 5
Buckow, die Perle 7

8 **Warum »Märkische Schweiz«?**

11 **Kleine Geschichte von Buckow und Umgebung**
Wie die Slawen kamen 11
Wie die Deutschen kamen 12
Die Mark blieb slawisch 12
Buckow und sein Bier 14
Es geht aufwärts in Buckow 16
Buckow und der Krieg 16

18 **Klein aber oho: Bad Buckow**

21 **Ein Streifzug in Bildern**

32 **Seen, Flüsse und Steine in der Märkischen Schweiz**

38 **Buckower Gästebuch**

42 **Ein Spaziergang durch Buckow**

46 **Natur pur – der Naturpark Märkische Schweiz**

49 **Wanderwege durch die Märkische Schweiz**
Rundwanderung 49
Wandertips 51
Rund um den Schermützelsee 52

53 **Ausflüge in die Umgebung**
Bad Freienwalde 53
Kloster Chorin 54
Schiffshebewerk Niederfinow 55
Das Oderbruch 55
Frankfurt/Oder 58
Fürstenwalde 59
Bad Saarow-Pieskow 60

61 **Märkische Schweiz von A bis Z**

64 **Wanderkarte Buckow und Umgebung**

Statt eines Vorwortes: Fontane über Buckow

Was wäre wohl aus der Märkischen Schweiz geworden, wenn Theodor Fontane sie nicht entdeckt hätte? Ein bißchen Gegend – mehr nicht. Ein paar Bauern würden noch immer vergeblich versuchen, dem kargen märkischen Sand ein paar Früchte abzuringen, Kartoffeln vielleicht oder Kohlrüben, Äpfel oder anderes widerstandsfähiges Obst, dem weder Sandboden noch winterliche Fröste, weder die Luftfeuchtigkeit der Täler noch die trockenen Winde auf den Höhen etwas anhaben können. Sie würden wahrscheinlich noch immer Kräuter sammeln und Rosen züchten und an langen einsamen Winterabenden Schafwolle spinnen. Vielleicht gäbe es nicht einmal eine Eisenbahn, die diesen einsamen Landstrich erreicht.

Wenn Fontane nicht gewesen wäre...

Aber Fontane war zu seiner Zeit als Reiseschriftsteller so etwas Ähnliches wie das Reiseblatt des Tagesspiegel oder der FAZ. Was dort beschrieben wird, das mußte man einfach gesehen haben. Und so kam es, daß dieses kleine Ländchen zwischen Buckow und Müncheberg, zwischen Neuhardenberg und Freienwalde, rund 50 Kilometer östlich von Berlin, plötzlich zu einem Ausflugsort erster Klasse wurde. Vor allem für die Berliner, »und das ist immer noch das Entscheidende«, fügte Fontane seinem Bericht über die Märkische Schweiz (nachzulesen in seinem Band »Oderland«) hinzu.

50 km östlich von Berlin liegt die Märkische Schweiz mit dem Städtchen Buckow

Ob mit dem Kremser oder der Kutsche, ob mit der Kleinbahn oder einem jener fauchenden und stinkenden Maschinchen, die später mal ein richtiges Auto werden sollten, – jedes Wochenende ergossen sich Ströme von sonnenhungrigen Großstädtern ostwärts in das Land der Birken und der Seen, und es dauerte nicht lange, da war Buckow für die Berliner, was Sylt für die Hamburger ist: Man fährt nicht nur hin, um sich zu erholen, sondern auch, um gesehen zu werden. Man fährt aber vor allem hin, um zu sehen, wer dort hinfährt und gesehen werden will. Das war zu Fontanes Zeiten nicht anders als im Kaiserreich, und im Dritten Reich nicht anders als zu Zeiten der DDR. »Zweitausend Urlauber auf tausend Einwohner« schrieb damals die DDR-Reporterin Gisela Heller in ihrem »Märkischen Bilderbogen«.

Buckow? – Nein Danke

Dabei hatte Fontane die Märkische Schweiz nicht nur in den höchsten Tönen gepriesen. Mit dem Städtchen selbst stand er eher auf Kriegsfuß. »Buckow ist schön,« schreibt er einleitend, »aber doch mit Einschränkung. Es hängt alles davon

Der Marktplatz in Buckow zu Fontanes Zeiten, colorierte Postkarte um 1900

ab, ob wir Buckow die Gegend oder Buckow die Stadt meinen, – allen Respekt vor jener, aber Vorsorge gegen diese. Seine Häuser kleben wie Nester an Abhängen und Hügelkanten und sein Straßenpflaster, um das Schlimmste vorwegzunehmen, ist lebensgefährlich. Es weckt mit seiner hals- und wagenbrechenden Passage die Vorstellung, als wohnten nur Schmiede und Chirurgen in der Stadt, die schließlich auch leben wollen.«

Und er erzählt, wie das berühmte Buckower »Stuckerpflaster«, welches für den Ort inzwischen so etwas wie ein Markenzeichen geworden und eine permanente Tempo-30-Zone ist, zur Durchreise von Friedrich Wilhelm IV. mit Sand bestreut werden sollte, damit die königliche Kalesche keinen Schaden nehme, und wie einige der Bürger, »fleißige und ordentliche Leute, die es sich sauer werden lassen« – den König lieber tüchtig durchgeschüttelt hätten, damit er ein neues Pflaster spendiere, und wie dann aber doch alles beim alten blieb, bis heute. Denn die Buckower hatten schließlich doch Sand gestreut, und so fand der König in Buckow alles in Ordnung und hielt sein Portefeuille geschlossen.

Theodor Fontane, Graphik von Hanns Fechner

Fontane war ein differenzierter Beobachter und machte feine Unterschiede zwischen Land und Leuten. Von letzteren glaubte er, »daß ihre wendisch-deutsche Blutmischung nicht ganz die richtige sei«, denn sie hätten eine Vorliebe fürs Prozessieren und lägen dauernd mit irgendwelchen Instanzen in Fehde. Auch wenn es darum ging, Wald und Flur in Ordnung zu halten und den Berliner Hornissenschwärmen Achtung vor der Natur beizubringen, waren sie nicht zimperlich. Doch davon später mehr.

Blick vom Kirchturm über Buckow

Bad Freienwalde

Fontane liebte Buckow nicht, aber seine Umgebung. Er vergleicht Bad Freienwalde, das noch heute behauptet, die wahre Perle der märkischen Schweiz zu sein, mit einer Dame. Buckow hingegen sei »eine ländliche Schönheit, die mit nacktem Fuß in den See tritt und unter Weidenzweigen ihr Haar flicht.« Hier abzuwägen, sei Geschmackssache. Aber wenn erst einmal die neuprojektierte Eisenbahn zwischen Berlin und Küstrin an Buckow vorbeifahre, dann werde das Aschenputtel von heute seiner bevorzugten Schwester schon den Rang ablaufen.

Buckow, die Perle

Und genau so ist es auch gekommen. Noch immer behauptet man zwar in Bad Freienwalde, wer in die Märkische Schweiz wolle, könne eigentlich nur nach Freienwalde fahren; aber die Leute fahren lieber nach Buckow, denn Buckow hat viel mehr zu bieten, mehr Hügel und mehr Täler, mehr Seen und mehr Bäche, mehr Natur schlechthin. Die ganze Märkische Schweiz hat über zwanzig Seen, von denen manche nicht mal einen richtigen Namen haben, aber mehr als sieben davon befinden sich allein auf Buckower Gebiet.

Der Große und der Kleine Tornowsee

Fontane hat dem Großen und dem Kleinen Tornowsee ein eigenes Kapitel gewidmet und schreibt von der stillen, dunklen Schönheit des einen und der lichten, heiteren Ruhe des anderen – »Friede ist die Parole...«

Der Schermützelsee

Besucher von heute verbinden mit Buckow aber vor allem den Schermützelsee, dessen Namen man gar nicht sorgfältig genug aussprechen kann, denn es ist ein liebenswürdiges Verwirrspiel der Mark Brandenburg, seinen Besuchern immer wieder Orte und Seen mit gleichen oder ähnlichen Namen zu präsentieren (so gibt es zum Beispiel auch ein Buckow am südlichen Stadtrand von Berlin). Wer also nicht nach dem Schermützel-, sondern nach dem Scharmützelsee (bei Bad Saarow südlich der Autobahn) fragt, wenn er nach Buckow will, fährt garantiert in die Irre.

Warum »Märkische Schweiz«?

Wo immer es im norddeutschen Flachland eine besonders reizvolle und abwechslungsreiche Landschaft gibt, hat man sie »Schweiz« genannt. Da gibt es die Holsteinische und die Sächsische Schweiz, die Neuruppiner Schweiz im Norden von Berlin und natürlich die Märkische Schweiz, die im Dritten Reich aus politischen Gründen nur noch Märkisches Höhenland heißen durfte. Aber schon, um sich von den Nazis abzusetzen, machte die ehemalige DDR diese Bezeichnung wieder rückgängig.

Ein Gebilde der Eiszeit

Märkische Schweiz also, ein Gebilde der Eiszeit und Nacheiszeit, die unter Geologen als Pleistozän und Holozän bekannt ist und etwa vor einer Million Jahren begann. Damals kamen gewaltige Eisströme mit Höhen bis zu 2000 Metern aus den skandinavischen Gebirgen in die norddeutsche Tiefebene und reichten teilweise bis an den Rand der Mittelgebirge.

Insgesamt hat es in Norddeutschland drei große Vereisungen gegeben, die man Elster-, Saale- und Weichselvereisung nennt. Zwischen ihnen lagen jeweils zwei Warmzeiten von rund 500 000 Jahren, in denen sich der Boden wieder mit einer Pflanzendecke überzog. Während der letzten, der sogenannten Weichselvereisung, drangen die Gletscher bis zur Linie Teupitz-Berlin-Brandenburg vor, und als sich das Eis in drei großen Etappen zurückzog, hinterließ es jeweils eine Hauptabflußbahn für das Schmelzwasser, aus dem ein Urstromtal entstand. Die Märkische Schweiz wurde von der Weichselvereisung gebildet und liegt, ganz grob gesagt, im Urstromtal Warschau-Berlin.

Teil des Urstromtals Warschau-Berlin

Auf ihrem Weg von den Gebirgen Skandinaviens über die Ostsee hinweg nahmen die Eisströme gewaltige Gesteinsschutt- und Erdmassen mit, die sie während ihres Laufes zu einer aus Sand, Ton und Kalk bestehenden Mergelschicht zerrieben. Das wurde die Grundmoräne. Aber sie rissen auch größere Stücke, meist aus schwedischem und finnischem

Märkische Berge

Die geologische Geschichte ist noch längst nicht abgeschlossen: Ein Verlandungssee in der Märkischen Schweiz

Granit mit sich, die irgendwo am Wege liegenblieben und noch heute als gewaltige Findlinge von der Kraft des Eises zeugen. Kalk wird übrigens in den Rüdersdorfer Kalkwerken gewonnen, die Findlinge verarbeitete man beim Kirchenbau (Feldsteinkirchen) oder als Grabsteine, auch das berühmt-berüchtigte Buckower Straßenpflaster ist daraus entstanden. Einer der größten Granitbrocken stammt aus den Rauenschen Bergen bei Fürstenwalde und wurde von Hofbaumeister Karl Friedrich Schinkel für die riesige Granitschale im Lustgarten von Berlin verarbeitet.

Aus Findlingen wurde Straßenpflaster

Überall da, wo das Eis beim Zurückweichen längere Zeit verharrte und wo sich beim Abtauen die eingelagerten Schuttmassen und Gesteinsbrocken übereinandertürmten und ineinanderschoben, entstanden sogenannte Endmoränen. Es sind Rückzugsstadien des Eises, die der Landschaft um Buckow ihr Gepräge gaben. Dabei bildete sich eine breite Abflußbahn (»Buckower Rinne«), in der die größeren Seen um Buckow liegen. Der ursprüngliche Abfluß zum Warschau-Berliner Urstromtal im Südwesten wurde unterbrochen, als die Schmelzwassermassen die selber aufgetürmten Schuttberge nicht mehr aus eigener Kraft überschwemmen konnten und nach Nordwesten zogen.

»Buckower Rinne«

Noch Jahrtausende lagen gewaltige Eisblöcke in dieser Rinne verschüttet, die nur unendlich langsam abtauten. Dabei entstanden Kessel und Vertiefungen und aus diesen wiederum Seen und Pfuhle, weitaus größere als heute, aus denen sich im Laufe der Jahrtausende Wiesen, Sümpfe und Moore bildeten. In dieser Zeit entstand bei Buckow auch der Stobber, ein reizvoller Bach, der sich selbst eine Art Wasserscheide geschaffen hat. Einen seiner Arme schickt er in die Oder und damit in die Ostsee, den anderen nach Südwesten und über Spree, Havel und Elbe in die Nordsee. Es ist vielleicht die einzige Wasserscheide der Welt, die in einem Talkessel liegt.

Der Stobber

Der Stobber

Allmählich entwickelte sich aus den Endmoränen mit all ihrem Geschiebe und Gemenge eine ungemein reizvolle, abwechslungsreiche und anmutige Landschaft mit vielen Hügeln, Seen, Wiesen und Mooren, mit kleinen Bächen und tiefeingeschnittenen Tälern, den sogenannten Kehlen. Sie sind durch unterirdische Auswaschungen und später eingestürzte Erdoberflächen entstanden und schufen Höhenunterschiede von über 100 Metern, nimmt man die tiefste Tiefe der Seen dazu, sogar noch mehr.

Liliputalpen mit Höhenunterschieden von über 100 Metern

Die größte Ausdehnung dieser Liliputalpen, die zu drei Vierteln mit Wald (und keineswegs nur mit Kiefern) bedeckt sind, beträgt von Nord nach Süd und von Ost nach West rund acht Kilometer. Schon 1957 wurde daraus ein Landschaftsschutzgebiet von rund 40 Quadratkilometern, welches 1990 auf rund 240 Quadratkilometer erweitert wurde und nun Naturpark Märkische Schweiz heißt. Das Schönste an dieser märkischen Landschaft sind vielleicht die Farben: zwischen tiefdunklen Wäldern strahlen saftig-grüne Wiesen, und die Farben der Seen schimmern von Jade- oder Turmalingrün bis Türkis. Dazwischen immer wieder feiner weißer »Zuckersand« und in der Silberkehle sogar silbriger Glimmer. Nimmt man die Farben der Steine dazu – am Buckower Bonbonpflaster zeigt sich das sehr schön – glänzt es rosa von Feldspat, weiß von Quarz und grau von Granit. Und über allem wölbt sich ein blauweißer Himmel mit wehenden Wolken, die immer wieder neues Licht und neuen Schatten auf all die bunten Farben werfen und sie nochmals verändern.

Naturpark Märkische Schweiz

Kleine Geschichte von Buckow und Umgebung

Jäger und Sammler

Als sich das Eis endgültig zurückgezogen hatte, kehrten Pflanzen und Tiere zurück und boten den Menschen ideale Wohn- und Lebensbedingungen. Die Fische in den vielen Seen, die Kräuter, Wurzeln und Beeren in den Wäldern waren Nahrung genug, man mußte weder etwas anpflanzen noch -bauen. Die ersten Zeugnisse menschlicher Anwesenheit datieren aus der Zeit um 8000 v. Chr.: allerlei Feuersteingeräte und Jagdwaffen aus Stein. Das war am Ausgang der jüngeren Steinzeit.

Illyrer

Aber erst in der älteren Bronzezeit (etwa 2000 bis 1400 v. Chr.) wurden die Menschen, meist Illyrer aus dem Lausitzer Kulturkreis, hier ansässig; eine stärkere Besiedelung, belegt durch Urnengräber und allerlei Haus- und Jagdgerät, fand erst gegen Ende der Bronzezeit (etwa 1400 bis 800 v. Chr.) statt. Und wahrscheinlich gab es auch Pfahlbauten im Schermützelsee.

Germanische Söldner in römischen Diensten

Mit dem Ausgang der Bronzezeit verschwanden die Illyrer, und erste germanische Stämme kamen in die Mark, Jahrhunderte später auch nach Buckow. Römische Münzenfunde deuten darauf hin, daß entweder bald ein Handelsverkehr mit den Römern entstand oder germanische Söldner in römischen Diensten standen.

Wie die Slawen kamen

Mächtige Burgen als Grenzschutz

Um 400 n. Chr. gründeten die Burgunder ihr Reich am Niederrhein, und die Germanen strömten gen Westen, die Mark wurde menschenleer, wüster Wald breitete sich aus. Nach und nach – seit etwa 600 n. Chr. – rückten nun Slawen aus dem Innern Rußlands in die nur dünn besiedelten Gebiete des deutschen Ostens vor und nahmen allmählich das Land östlich von Elbe und Saale in Besitz. Viele Orte in und bei der Märkischen Schweiz belegen durch ihre Ortsnamen slawische Besiedelung, vor allem Orte mit den Endungen »-ow« und »-in«. Märkische Geschichtsbücher betonen immer wieder den Rückgang an Kultur und Zivilisation nach dem Fortgang der Germanen und schreiben den Slawen zwar viel Sinn für Dekor und Schönheit, aber wenig technisches Verständnis zu. Dieser Meinung steht jedoch entgegen, daß sie die Mark in verschiedene Gaue eingeteilt haben und als Grenzschutz mächtige Burgen bauten. Eine solche Burg, die dem Stamm der Piasten gehörte, gab es auch in Buckow, wie denn auch der Name – von »buk« gleich Buchenort – ebenfalls slawischen Ursprungs ist. Beweisstücke in Form von

Scherbenfunden gab es aber erst in den zwanziger Jahren. Die ersten Menschen, die hier Orte gründeten, waren also Slawen. Und sie scheinen es durchaus zu einer bemerkenswerten Kultur gebracht zu haben, wie die Heimatmuseen in der Umgebung von Buckow beweisen.

Buckow lag im Land Lebus

1138 kam das Land Lebus mit Buckow an das Slawenreich Schlesien, 1225 schenkte der schlesische Herzog Henryk I. dem schlesischen Kloster Lebus 400 Hufen Land und befahl einen Marktort anzulegen: Müncheberg.

Wie die Deutschen kamen

Schon Karl der Große hat versucht, die Slawen aus der Mark zu vertreiben, aber all seine Eroberungen scheiterten letztlich an den verwirrenden geologischen Formationen und Wasserläufen der Havel. Die Slawen nutzten ihre bessere Geländekenntnis und schlugen die Deutschen immer wieder zurück. Erst Heinrich I. konnte dann um 928 die Feste Brandenburg westlich von Berlin (slawisch »Brennabor«) erobern. Sein Sohn Otto I. sicherte dann die Grenzen der Mark, Slawenbekehrungen und Slawenvertreibungen sind ein wüstes Kapitel märkischer Geschichte, das erst mit Albrecht dem Bären, der als einziger sicher die Elbe-Havel-Linie überschritt, einen friedlicheren Fortgang nahm. Der slawische Herzog Boleslav III. nahm eine germanische Kaisertochter, die Tochter Heinrichs V., zur Frau und teilte das Land unter seine drei Söhne. Einer von ihnen, Wladislav von Schlesien, taktierte allerdings so ungeschickt mit Geldgeschenken und Bündnissen, daß er schließlich all seine Besitzungen wieder verlor. Nach seinem Tod im Exil erhielt sein Sohn Boleslav II. durch Vermittlung von Kaiser Barbarossa das Land des Vaters zurück.

Albrecht der Bär

Otto I.

Die Mark blieb slawisch

Das Gebiet zwischen Oder und Elbe war nur schwer einzudeutschen. Die Lausitzer Sorben, ein reicher Slawenstamm, waren wirtschaftlich unabhängig und konnten daher lange allen Eroberungen Widerstand leisten. Aber schließlich konnten auch sie den teils vereinten, teils konkurrierenden Eroberungszügen durch die Krieger der Wettiner, der Magdeburger und der Askanier nicht mehr trotzen. Um 1225 er-

Alter Wehrturm in Müncheberg

hielt die Burg Lebus eine deutsche Besatzung, deutsche Bauern wurden angesiedelt, und es dauerte nicht lange, da wurden aus Slawen – Sklaven. Das alles geschah in strenger hierarchischer Abstufung. Der Kaiser schenkte den Mönchen ein Kloster, diese siedelten auf ihrem Gelände freie Bauern an, die die Slawen für sich arbeiten ließen und von ihren Erträgen Steuern und Zinsen abführten. So agierten auch die Lebuser Mönche, die bald ihren Einfluß auf den kleinen slawischen Ort Buckow geltend machten.

1253 wurde Buckow gegen den Marktflecken Müncheberg eingetauscht, und in Buckow begann eine bessere Zeit.

Rauhe Sitten am Stadttor von Müncheberg: »Wer giebt seinen Kindern Brod und leidet selber Noth, den soll man schlagen mit dieser Keule todt!«

Buckow und sein Bier

Das Land um Buckow war zwar viel zu sandig, um einen ertragreichen Ackerbau zu beginnen, aber die vielen Moore der Umgebung waren ideale Ausgangsbedingungen für den Hopfenanbau. Bier war also lange die Haupteinnahmequelle in Buckow, und die Mönche kassierten kräftig ab, denn die Braupfanne gehörte der Kirche.

Wochenmarkt und Jahrmärkte im Buckow des 15. Jh.

Das Bier von Buckow hatte einen so guten Ruf, daß 39 Dörfer in der näheren und weiteren Umgebung ihr Bier aus Buckow holten. Als dann noch der brandenburgische Kurfürst Friedrich II. der Stadt 1465 einen Wochenmarkt und zwei sonntägliche Jahrmärkte im Jahr gestattete, wurden die Buckower reiche Leute. Aber wie immer, wenn zu viele Herren an einer Sache verdienen wollen, ging es schließlich auch mit dem Bierbrauen in Buckow wieder zu Ende. Die Kirche verlangte jedes Jahr höhere Leihgebühren für ihre Braupfanne, allerlei Trittbrettfahrer versuchten durch Schutzgelder mitzuhalten, und als dann noch der Mehltau die Hopfenpfanzen überfiel und der Dreißigjährige Krieg jede geregelte Arbeit zunichte machte, war es um den Reichtum in Buckow geschehen. Eine Hungersnot folgte, dann die Pest. Der kleine Ort verlor die Hälfte seiner Einwohner, zwei Feuersbrünste gaben dem Ort den Rest.

Neue Erwerbszweige im 19. Jh. hielten sich nicht

Um 1850 war der Hopfenbau endgültig am Ende. Es mußte nach neuen Erwerbszweigen Ausschau gehalten werden. Eine Weile baute man Braunkohle ab, dann wurde die Einfuhr billiger als die Herstellung, man versuchte sich mit Tuchmachen und Leineweben, die Seidenraupen- und die Rosenzucht wurden modern, manches davon immerhin erfolgreich, denn Rosen bestellte sogar der Hof in Berlin. All diese Gewerbezweige konnten sich jedoch nicht auf Dauer halten, weil der Weg in die Hauptstadt zu weit war. Es gab ja weder Post noch Bahn, und was schließlich nach beschwerlichen Märschen in Berlin ankam, war zur Hälfte verdorben. Die Buckower Bürger fielen auf das Niveau von Pilz- und

Buckow, Aquarell 1675

Das Schloß in Buckow – zerstört, Aufnahme von 1930

Blutegelsammlern zurück, die sie ihrem Apotheker brachten. Und damit konnte man kaum sein Leben fristen.

Die Grafen Flemming herrschten in Buckow vom 17. Jh. bis 1911

Eine besondere Rolle spielte bei diesem Geschehen auch ein Graf Flemming, der das Land in der zweiten Hälfte des 17. Jahrhunderts als Lehnsherr bekommen hatte und seine Landsleute schamlos auszubeuten begann. Zunächst versuchte er, das Hopfengeschäft an sich zu reißen. So wurden die Bierbrauer von zwei Herren, dem Grafen und der Kirche, ausgebeutet. Auch neue Gewerbezweige standen unter einem solchen unglücklichen Stern. Auf alles, was sie erarbeiteten, erhob nun nicht mehr nur der Graf, sondern auch der Kurfürst Anspruch. Der Graf nahm sich schließlich sogar die Polizeigewalt, verbot das Hüten des Viehs auf der Heide und an den Seen, verbot Holz- und Strauchentnahme aus den Wäldern, wollte die Gemeindekasse verwalten. Was Fontane mit der »wendisch-deutschen Blutmischung« meinte, der eine »Vorliebe fürs Prozessieren« angeboren sei, war der verzweifelte Versuch der verarmenden Bürger, ihren Lebensunterhalt zu festigen. Immer wieder gerieten die Buckower mit ihrem Grafen wegen seiner Übergriffe auf Gemeindegut in erbitterten Streit, der zum Teil mit Waffen und Fäusten, aber eben auch vor Gericht ausgefochten wurde. Und dabei bekam der Graf durchaus nicht immer recht.

Das Buckower Schloß

Die Flemmings behielten bis 1911 in Buckow die Oberhand. Dann wurde in ihrem Schloß ein Kinderheim eingerichtet. Nach dem Ersten Weltkrieg verpachtete die Familie ihren Besitz an einen Graf Dohna, dessen Witwe bis zum Zweiten Weltkrieg im Schloß wohnte. Bei Kriegsende wurden die märkischen Junker auch hier von all ihren Besitzungen vertrieben, und das nur leicht beschädigte Schloß mit seinem von Hofbaumeister Karl Friedrich Schinkel umgebauten Mitteltrakt wurde dem Erdboden gleichgemacht.

Es geht aufwärts in Buckow

Mit Eisenbahn und Tourismuns zu neuem Wohlstand

Vier Ereignisse waren es, die in der zweiten Hälfte des 19. Jahrhunderts der kleinen Stadt in der Märkischen Schweiz zu neuem Wohlstand verhalfen: Fontanes »Wanderungen durch die Mark Brandenburg« verliehen Buckow modischen Reiz; der Bau der Bahnlinie Berlin-Küstrin machte Buckow leichter erreichbar, und seine Waren gelangten leichter auf die Märkte von Berlin; der Bau der Kleinbahn von Müncheberg nach Buckow im Jahre 1897 erleichterte den Berlinern die Anreise in die Sommerfrische. Und nicht zuletzt machte die Einrichtung eines Postamtes durch einen der berühmtesten Jagdgäste von Buckow, dem Generalpostmeister Stephan, den Anschluß an die große Welt perfekt.
Zu Zeiten der DDR wurde Buckow auch noch zu einem der vier großen Erholungsgebiete von Berlin erklärt und erhielt großzügige finanzielle Unterstützungen. Aber zwischen den ersten vier und dem letzten Ereignis liegt noch ein langes und dunkles Kapitel der Geschichte: der Zweite Weltkrieg und sein Ende, der Einzug der Roten Armee.

Buckow und der Krieg

Im April 1945 fand an der Oder eine der brutalsten Schlachten des Zweiten Weltkrieges statt. Die deutsche Wehrmacht hatte entlang von Oder und Neiße einen starken Verteidigungsring angelegt, zweieinhalb Millionen russische Soldaten rannten dagegen an. Rund 30 000 russische und etwa 12 000 deutsche Soldaten verloren ihr Leben.
In Buckow selbst wurde kaum noch gekämpft. Die Menschen waren geflüchtet oder vertrieben worden, in ihren Häusern hausten nicht nur die Russen, sondern auch fast 20 000 Italiener der mussoliniabtrünnigen Badoglio-Armee, die hier als Fremdarbeiter gelandet waren. Die Felder waren verwüstet, die Tiere krepiert, es gab keine Milch für die Babys und keine Betten für die Alten. Die Soldaten kochten am liebsten im Freien und benutzten wertvolle alte Möbel als Feuerholz. Der Sommer 1945 war zwar warm und trocken, aber das wiederum brachte Verwesung und Infektionen über das Land, der Hunger war unbeschreiblich, die hygienischen Verhältnisse lebensgefährlich, die Wasser- und Stromversorgung zusammengebrochen, die Verkehrswege zerstört, Kirche, Schloß und zahlreiche Häuser eingestürzt oder ausge-

Elend im Jahre 1945

Der Schermützelsee mit Buckow

brannt. Eine Reihe von Wasserrohrbrüchen hatte die Straßen unterspült, und anstatt an den Wiederaufbau zu gehen, wurden Arbeitskräfte für Demontagen eingesetzt. Alles, was noch halbwegs brauchbar war, ließen die Russen für den Transport nach Osten verladen. Es gab keine Medikamente, es gab keine Lebensmittel, die Leute lebten wochenlang von Pellkartoffeln mit Salz. Wer Buckow besucht, sollte sich auch dieses Kapitel Stadtgeschichte erzählen lassen, damit es nicht in Vergessenheit gerät. In der Schulchronik von Karl Wieland ist einiges darüber nachzulesen.

Demontagen auch in Buckow

Aber das Leben ging weiter. Es dauerte nicht lange, da hatten die Buckower ihre Wasser- und Stromleitungen repariert, ihre Häuser ausgemistet, ihre Felder von den Minen geräumt. Die Kinder gingen wieder zur Schule und bekamen dort täglich einen Teller warmer Suppe; die erste Pension, das erste Kinderheim wurden eröffnet. Im See konnte man wieder schwimmen, in den Wäldern wieder wandern, die Kleinbahn nach Müncheberg wurde repariert, Umsiedler aus den ehemaligen deutschen Ostgebieten halfen fleißig mit. Und 1952 siedelte sich der erste prominente Gast in Buckow an: Bertolt Brecht mit seiner Frau Helene Weigel. Der zweite Buckower Aufschwung begann. Industriell gesehen hielt er sich allerdings in Grenzen. Außer dem alten Elektrizitätswerk, der Mühle, einer Bürstenfabrik und einigen Baubetrieben gab es auch nach dem Krieg in Buckow kaum Industrie – nur Handwerksbetriebe, Fischer und Kleinbauern. Seit Buckow zum Naherholungsgebiet wurde, lebte der Ort von seinen Sommergästen. Und so ist es auch noch heute.

Es geht wieder aufwärts

Sauberes Wasser und viele Wälder garantieren eine gute Erholung

ben Seebädern auch Fichtennadel-, Sole-, Schwefel-, kohlensaure und Sauerstoffbäder mit dem warmen Kühlwasser des Elektrizitätswerkes. Man ließ die Sommergäste im feuchten Tau waten, Frühsport machen, kalt duschen und Kopf und Seele entlüften. In einem offiziellen Bäderkalender aus den dreißiger Jahren wird Buckow noch als Luftkurort mit Luft- und Sonnenbädern, Massage und Molkekuren beschrieben. Es gab ein Sanatorium, 13 Hotels, 23 Pensionen und bis 1931 auch eine pädagogische Bildungsanstalt, die sich mit »körperlicher Ertüchtigung, Warmbädern, Luftbädern und Atemübungen« empfiehlt. Es gab eine richtige Kurverwaltung, Kurtaxe wurde zur Pflicht und schließlich wurde sogar Wintersport eingeführt: Zwei 500 Meter lange Rodelbahnen mit 50 Metern Gefälle waren und sind recht schneesicher, Langlaufloipen finden sich genug. Die Märkische Schweiz ist zwar nicht das Kaisergebirge, aber dafür föhnsicher. Und vor der Haustür Berlins.

Wintersport vor der Haustür Berlins

So ganz genau weiß niemand, wann und warum dem Städtchen sein schmückender Beiname wieder abhanden kam. Die Heilmittel sind ja fast alle noch da. Irgendwann wird Buckow auch wieder Heilbad werden. Da ist man sich in der Stadt ganz sicher. Der Brandenburgische Bäderverband nennt Buckow in einem seiner neuesten Prospekte einen »perspektivischen Kneippkurort« und empfiehlt die Stadt ganzjährig wegen seines »milden Schonklimas« für alle Kneippanwendungen und gegen Erkrankungen des Bewegungsapparates, Herz-Kreislauferkrankungen, psychosomatische Erschöpfungszustände und Mutter-Kind-Kuren.

Buckow, ein Heilbad mit Zukunft

Blick auf die Märkische Schweiz aus der Luft

Das Städtchen Buckow ist das Zentrum der Märkischen Schweiz

»Eiserne Villa«, heute Brecht-Weigel-Haus, in Buckow

Auch das gibt es im Naturpark Märkische Schweiz: eine Fischtreppe

Der Schermützelsee vom Brechthaus aus gesehen

Mohnwiese

Blick auf den Buckowsee

Der Marktbrunnen in Buckow

Feuchtgebiete durchziehen die Märkische Schweiz

Das Rote Luch

Märchenhafte Landschaft: das Sophienfließ am Poetensteig

Im Oderbruch

Weidende Pferde

Herbstliche Landschaft

Nistende Störche

Allee bei Bad Freienwalde

Das Rathaus in Fürstenwalde

Schäfer mit seiner Herde

Der Scharmützelsee bei Wendisch-Rietz

Der Dorfteich in Münchehofe

Chorin, Klosterhof

Sonnenblumenfeld

Seen, Flüsse und Steine in der Märkischen Schweiz

Rätselhafter Schermützelsee

Wer von der Bundesstraße 1 aus Müncheberg kommend nach Buckow hereinfährt, gleitet langsam bergab, bis er den Talkessel erreicht hat und vor dem Schermützelsee steht. Ein unvergleichlicher Anblick: See und Wald, Wolken und Wiesen schimmern in allen Farben. Der See habe die Form eines abgestumpften Halbmondes, schreibt Fontane, und blicke seine Bewunderer »rätselhaft« an. An klaren Tagen könne man »tief unterm Spiegel allerlei Pfahlwerk« sehen.

Alt-Buckow

Dort habe Alt-Buckow gestanden, erzählt eine der vielen Sagen aus der Mark Brandenburg, die versunkene Stadt, deren Glocken man mitunter noch klingen höre. Am Johannistag könne man sogar einen Kirchturm auf dem Grund erkennen. Fontane ist der Sage nachgegangen und erklärt sie mit sogenannten Erdfällen: Weil sich unter den Tälern und Höhen der

Die Seenlandschaft der Märkischen Schweiz

Sagenumwobene Seen

Geschichten um das Ende von Alt-Buckow

Märkischen Schweiz von der Eiszeit her noch viele Verwerfungen, Tunnelgewölbe und Höhlen befänden, die zum Teil mit Wasser gefüllt seien, gäbe es mitunter Einbrüche: »Auf dem Erdreich steht eine Stadt oder wächst ein Wald. So geht es durch ein Jahrtausend. Da plötzlich, sei es durch einen Ruck von unten, oder durch sickernde Wasser von oben, bricht das Tunnelgewölbe ein und wie ein Haus, das (...) in den Keller stürzt, so fährt nun das Erdreich mit allem, was darauf wuchs und stand, in die plötzlich geöffnete Tiefe herab. War der Tunnel (...) ein riesiges Wasserreservoir, so schlagen nun die Wasser über allem, was niedergefahren ist, zusammen und – ein See steht ruhig über Stadt und Wald.«
So soll der Schermützelsee entstanden sein. Andere alte Sagenbücher sprechen gar von einer »weißen Frau«, die den Bürgern half, eine Quelle zu finden, sie aber warnte, daraus zu schöpfen, wenn die Sonne »hinterbergwärts« gezogen sei. Jahrelang hatten die Bürger den Brunnen allabendlich mit ei-

Kirchensee bei Dahmsdorf

nem großen Stein zugedeckt, aber bei einem fröhlichen Erntefest hielt man sich nicht an die Warnung und deckte ihn ab: Eine gewaltige Springflut schoß aus der Erde und bedeckte Menschen und Häuser.

Eine weitere Version aus dem reichen Sagenschatz der Mark: Als Buckow noch reich und seinen heidnischen Göttern treu ergeben war, kamen Christen ins Land und versuchten, die Bewohner zu bekehren. Sie wurden alle ermordet, und als ihr Blut zu einem Bach gerann und die Fluten der heimischen Wasser benetzte, »empörten sich diese, drangen brausend über die Ufer und begruben die Stadt.« Wer sich retten konnte, siedelte an anderer Stelle, aber der Fluch verfolgte ihn auch dort. Die Stadt verarmte.

Der Buckowsee

Über den Buckowsee, der noch vor dem Schermützel links von der abschüssigen Straße auftaucht, gibt es weniger Geheimnisvolles zu erzählen. Angler schätzen ihn wegen seiner überschaubaren Stille, die reiche Beute verspricht.

Der Griepensee und andere

Im Stadtpark, in der Nähe vom Marktplatz, liegt dann noch der Griepensee, ein Privatsee. Seen prägen überhaupt die Landschaft um Buckow, einige sind von der Stadt aus leicht zu erreichen: der Weiße, Schwarze und der Abendrothsee. In der weiteren Umgebung liegen der Große und der Kleine Däbersee, der Klobichsee, der Kesselsee, Papillensee, Gartzsee, Bauernsee, Birkensee, Schlagenthiensee und der Krumme Pfuhl. Einige von diesen Seen sind zu Naturschutzgebie-

Der Lesestein

ten erklärt und damit nur bedingt zugänglich. Wer sich für sie interessiert, kann über die Naturwacht der Naturparkverwaltung (Tel. 033433/6063) an naturkundlichen Wanderungen teilnehmen.

Der Kleine Tornowsee

Den Großen und den Kleinen Tornowsee hat Fontane erwandert und beschreibt ihre Schönheit von der Höhe des Dachsberges aus. Der Kleine Tornow sei ein sogenannter Teufelssee, mit schwarzen Wassern und dunklen Baumgruppen, spiegelglatter Oberfläche und riesigen Teichrosenblättern. »Es ist, als hätten diese dunklen Wasser einen besonderen Zug in die Tiefe und als stünden sie fester und unbeweglicher da, als andere.«

Der Große Tornowsee

Die Silberkehle

Den Großen Tornow erreichte der Reporter von der Silberkehle aus. Glimmersand gab ihr den Namen. »Dieser Glimmersand blitzt und glitzert wie Silber und liegt so fest auf, daß es möglich ist, Namen und Figuren wie in Sandstein hineinzuschneiden.« Die Silberkehle habe den Charakter einer richtigen Gebirgsschlucht »und zeigt auf ihrem Lauf ein tief ausgehöhltes Bett mit all den Zerstörungen niederstürzender Bäche, Feldsteine, fest in den Sand gerammt, Laubholzbäume rechts und links über den Weg geworfen, Spuren von Wind und Wasser überall«. Wer aus der Schlucht trete, sei überrascht von der heiteren, lichten Schönheit des Großen Tornow, ein Bild heiterer Ruhe. »Hier walten keine tückischen Mächte...«

Findlinge mit unheimlichen Kräften

Teuflische Kräfte werden hingegen den Findlingen zugeschrieben, jenen Granitblöcken aus der Eiszeit. Etwa 250 davon soll es in der Mark noch geben, die meisten davon im Fläming, der Umgebung von Jüterbog und Treuenbrietzen, aber auch die Märkische Schweiz kann einige zeigen. Spielzeug der Riesenkinder sollen sie gewesen sein, berichten alte Sagen, Teufelsschleudern, mit denen heidnische Götter christliche Kirchen zum Einsturz bringen wollten. Manche Findlinge sind so schwer, daß sie Jahr für Jahr ein paar Zentimeter tiefer in den sandigen Boden versinken, manche wurden zu Hünengräbern aufgetürmt, was dem Aberglauben über Riesen als Vorfahren zusätzliche Nahrung gab.
Wer durch die Umgebung von Buckow wandert, wird aber noch andere Steine entdecken. Die hat ein Herr von Oppen, dem der schönste Wald von Bollersdorf gehörte, mit deftigen Sprüchen versehen, um die Berliner Sonntagsschwärmer vor allzu schändlichem Verhalten in der Natur zu warnen. »Vorsicht – Waldbrände« liest sich darauf so:

Betrachte diesen wüsten Ort,
hier warf ein Mensch sein Streichholz fort
und ward durch dessen Funken
fahrlässig zum Halunken.

Oder eine Warnung vor zuviel Lärm, der das Wild verscheucht:

Wem das Großstadtleben die Nerven zernagt,
wen Kummer und schlechte Laune plagt,
der sucht hier Ruhe! Der haßt das Gebrüll!
Drum haltet die Schnauzen und wandert still.

Einer hat dann das Wort »Schnauze« weggekratzt, denn: »Berliner haben keine Schnauzen«. Und von Oppen konterte sofort:

Wer hier das Wort Schnauzen hat ausradiert,
der hat ein törichtes Stück vollführt;
daß die Schnauze das größte im Berliner Gesicht,
weiß die Welt und nur der Radierer nicht.

Einige dieser Sprüche sind noch original nachzulesen, andere wurden überliefert. In der Märkischen Schweiz lernen die Kinder sie auswendig.

Der Stobber und das Rote Luch

Bleibt noch vom Stobber zu erzählen, jenem merkwürdigen Flüßchen, das einen Arm über die Oder in die Ost- und seinen anderen über die Spree in die Nordsee schickt. Sein Name kommt vom slawischen »stobrava« (Grenzfluß oder

Die Wurzelfichte am Rande des Poetensteigs

Zaunbach). Der Stobber kommt aus dem Roten Luch, einem Niedermoor, das mit seinen 1000 Hektar Fläche eines der größten der Mark Brandenburg ist. Seinen Namen hat das Moor nach dem reichen Eisengehalt seines Wassers; es lagert ein bis vier Meter hoch auf sandigem Untergrund.

Wasserantrieb für die Mühlen der Gegend

Der Stobber fließt mit solcher Kraft, daß er in vergangenen Zeiten verschiedene Mühlen antreiben konnte, Loh- und Weißmühlen der Tuchmacher. Jeder Müller mußte bei seinem Gewerbe darauf achten, daß der Fischzug von See zu See durch den Stobber nicht unterbrochen wurde. Eine dieser Mühlen gehörte der Familie Eichendorff. Hier erweitert sich der Stobber zum Weißen See, dahinter bekommt er Zulauf vom sogenannten Hohen Graben, der noch heute eine Verbindung zum stark versumpften Birkensee bildet. Der Stobber hält auch Buckow- und Schermützelsee zusammen. Sein Wasser verbindet so ziemlich alle Wasser der Märkischen Schweiz.

Der Poetensteig am Sophienfließ

Bleibt noch das reizvolle Sophienfließ zu nennen, das in kleinen Strudeln und Wirbeln einen romantischen Weg, den Poetensteig, begleitet. An dessen Rand steht eine 30 Meter hohe, 160 Jahre alte Fichte, die fast all ihre Wurzelarme in die Luft streckt und trotzdem nicht entwurzelt ist. Die Sprüche des Herrn von Oppen haben hier eine moderne Fortsetzung gefunden:

Die Wurzelfichte

Besucher hier, ich bitte Dich,
betrachte, doch betritt mich nicht.
Mir tun schon alle Wurzeln weh,
ein Wunder gar, daß ich noch steh!«

Buckower Gästebuch

Theodor Fontane

Die »Perle der Märkischen Schweiz« hat eine Reihe von prominenten Gästen zu verzeichnen. Zum ersten natürlich Fontane, der mit seinem Bericht über die Schönheiten der Märkischen Schweiz eine moderne Völkerwanderung auslöste. Aber schon zum Ende des 17. Jahrhunderts muß die Märkische Schweiz bekannt gewesen sein, denn aus dem Jahr 1675 stammt ein Bild von einem Maler Namens Nagel, der sein mit Temperafarben gemaltes Bild »Vue de Buckow« der Prinzessin Viktoria von Anhalt-Bernburg und Sachsen widmete. Es zeigt den Blick von der Bollersdorfer Höhe auf den Schermützelsee.

Friedrich II.

Ein unfreiwilliger Gast war der junge Friedrich II., der auf seiner Fahrt ins Gefängnis von Küstrin durch die Märkische Schweiz kam und unter einer Eiche rastete. Diese »Frühstückseiche« ist mittlerweile 300 Jahre alt und steht auf der alten Berliner Straße (nahe der jetzigen Bundesstraße 1), auf der schon Napoleons Truppen nach Russland zogen.

Bertolt Brecht im Garten, Sommer 1954

Gern gesehener Gast war der Schöpfer der deutschen Reichspost, Generalpostmeister von Stephan, der ein begeisterter Jäger war. Mit einer Poststation verpaßte er Buckow den Anschluß an die große, weite Welt. Die Bürger von Buckow mußten ihre Briefe und Pakete nicht mehr selber aus Müncheberg holen.

Müncheberg war zur Postkutschenzeit immer gut für eine Übernachtung auf dem Wege zwischen Berlin und Küstrin. 1938 machten die Kaiserin von Russland und ihre Söhne, die Großfürsten Nikolaus und Michael, einen Ausflug nach Buckow und wurden von den Einwohnern mit »lautem Jubel und Hornmusik« bis zum Dachsberg begleitet. Es wurde extra ein Zelt gebaut, damit sich die Herrschaften standesgemäß erfrischen konnten.

Wilhelm IV.

Im Jahre 1854 war der preussische König Friedrich Wilhelm IV. in Buckow und wohnte bei den Flemmings. Bis zum Ersten Weltkrieg gab es für diesen Besuch eine Erinnerungstafel an der sogenannten Königseiche, in der von einer »geist- und huldvollen Rede« zu lesen war, mit der der König seine Untertanen »beglückte«.

In den Jahren 1863 und 1865 fanden in Buckow und Umgebung die Manöver Wilhelms I. und Wilhelms II. statt, Anlaß für Gedenktafeln und Widmungsschreiben von heute nur noch historischem Wert.

Mit dem Bau der Eisenbahn Berlin-Küstrin, mit dem Bau der Kleinbahn nach Buckow, die 1929/30 in eine Normalspurbahn umgewandelt wurde, entwickelte sich Buckow zu einem Fremdenverkehrsort. Es wurden Bürgersteige und bequeme Promenaden angelegt, eine Badeanstalt am Ufer des Schermützelsees, ein Kurpark und ein Kurorchester folgten.

Helene Weigel vor dem Schermützelsee, Sommer 1954

Um die Jahrhundertwende entstanden viele reizvolle Jugendstilvillen auf der heutigen Bert-Brecht- und Werderstraße, bei deren Bau wertvolle Bronzefunde auftauchten, die die Stadtgeschichte vervollständigten.

Ob Eichendorff hier seinen »Taugenichts« schrieb, ist nicht ganz unumstritten.

Chamisso war zwar oft in Buckow, aber seinen »Schlemihl« schrieb er in Kunersdorf. Egon Erwin Kisch, der »rasende Reporter« der frühen dreißiger Jahre, kam oft und brachte seine Freunde mit. Der prominenteste Gast aber war zweifellos Bertolt Brecht. Nach vielen unsteten Jahren des Exils in Finnland, Dänemark, Schweden und den USA kehrte der Dramatiker 1948 mit seiner zweiten Frau, der Schauspielerin Helene Weigel, nach Deutschland zurück und war bald so stark in das hektische Berliner Theaterleben eingespannt, daß er einen Ort für die Erholung suchte. »Mit Helli in Buckow Landhäuser angesehen,« schreibt er in seinem Arbeitsjournal vom 14.2.1952, »finden auf schönem Grundstück unter alten großen Bäumen ein altes, nicht unedel gebautes Häuschen mit einem anderen, geräumigeren, aber ebenfalls einfachen Haus daneben, etwa 50 Schritte entfernt. Etwas der Art wäre erschwinglich, auch im Unterhalt. In das größere Haus könnte man Leute einladen.«

Bertolt Brecht und Helene Weigel

Die »Eiserne Villa« in der Bertolt-Brecht-Straße 29 wurde für Brecht ein Ort, an dem er in erholsamer Umgebung ungestört arbeiten konnte, und Helene Weigel, die in den fast 15 Jahren des Exils ihren Beruf nicht ausüben konnte, probte hier ihre Rollen. Das Ehepaar hatte viele Gäste, meist Schauspieler und Dramaturgen, die Brecht zum Schrecken der Buckower Bürger in halsbrecherischer Fahrt mit einem skurrilen Auto vom Bahnhof abholte, während Helene Weigel Pilze suchen ging und die Mannschaft verpflegte. Brecht, der von seiner Frau schon im Exil mit mütterlicher Freundlichkeit und Strenge versorgt und von der lauten Welt abgeschirmt wurde, damit er ungestört arbeiten konnte, bewunderte seine Frau, die »suppenkochende Kennerin der Wirklichkeit«, aber ihre Pilze aß er nie. Neugierige Besucher mochte er nicht. Und die Buckower ärgerten sich, daß er sich in den kalten Wintern nach dem Krieg Gemeindekohlen holte, ohne sie je zurückzugeben.

Anekdoten

Buckower Elegien

Berühmt geworden sind Brechts »Buckower Elegien«, in denen er – enttäuscht von den Folgen des Aufstandes am 17. Juni 1953 – sehr nachdenkliche Worte fand:

Der Blumengarten

Am See, tief zwischen Tann und Silberpappel
Beschirmt von Mauer und Gesträuch ein Garten
So weise angelegt mit monatlichen Blumen
Daß er vom März bis zum Oktober blüht.
Hier in der Früh, nicht allzu häufig, sitz ich
Und wünsche mir, auch ich mög alle Zeit,
In den verschiedenen Wettern, guten schlechten
Dies oder jenes Angenehme zeigen.

Heißer Tag

Heißer Tag. Auf den Knien die Schreibmappe
Sitze ich im Pavillon. Ein grüner Kahn
Kommt durch die Weide in Sicht. Im Heck
Eine dicke Nonne, dick gekleidet. Vor ihr
Ein ältlicher Mensch im Schwimmanzug,
wahrscheinlich ein Priester.
An der Ruderbank, aus vollen Kräften rudernd
Ein Kind. Wie in alten Zeiten! denke ich
Wie in alten Zeiten!

Rudern, Gespräche

Es ist Abend. Vorbei gleiten
Zwei Faltboote, darinnen
Zwei nackte junge Männer: Nebeneinander rudernd
Sprechen sie. Sprechend
Rudern sie nebeneinander.

Das »Berliner Ensemble«

Auch in Buckow hatte Brecht seine Theaterarbeit fortgesetzt, er probte mit seinen Schauspielern für Erwin Strittmaters »Katzgraben« und für seine »Mutter Courage«, die schon im Januar 1949 im Deutschen Theater mit Helene Weigel in der Titelrolle eine glänzende Aufführung erlebte. Mit dieser Premiere stellte sich auch Brechts »Berliner Ensemble« vor, das von Helene Weigel als Intendantin geleitet wurde. Erst 1954 erhielt das Ensemble das Theater am Schiffbauerdamm als feste Spielstätte.
Während Brecht in Buckow seine freie Zeit zum Schreiben nutzte – »Turandot« und »Coriolan« entstanden hier –, lebte Helene Weigel am liebsten in den Tag hinein und erholte sich auf langen Waldspaziergängen und am Kamin von ihrer Arbeit am Theater.

Nach Brechts Tod

Am 14. August 1956 starb Brecht in der Zeit seiner Proben zu »Leben des Galilei« an einem Herzinfarkt. Helene Weigel arbeitete weiterhin als Intendantin und Schauspielerin am Ensemble und kam, sooft es ging, nach Buckow. Schon todkrank nahm sie ein Gastspiel in Frankreich an und spielte am 3. April 1971 in Nanterre noch einmal die Pelagea Wlassowa in Brechts »Die Mutter« mit triumphalem Erfolg. Am 6. Mai 19971 starb auch sie und wurde neben Bertolt Brecht auf dem Dorotheenstädtischen Friedhof in Berlin beigesetzt. Die »Eiserne Villa« wurde Museum, ähnlich wie auch das Brecht-Haus in der Chausseestr. 125 im Berliner Bezirk Mitte.

Ein Spaziergang durch Buckow

Marktplatz mit Brunnen und Kirche

Ausgangspunkt all unserer Spaziergänge ist der Marktplatz. Denn dort findet sich schon die erste Sehenswürdigkeit: Der Brunnen ist mit seinem schmiedeeisernen Hut gute alte Handwerksarbeit aus Berliner Eisenguß. Sein Bauch bedeckt einen mächtigen Findling, den sogenannten Flötzstein, unter dem die Buckower einst die wichtigsten Dokumente über ihre Bürgerrechte vergraben hatten, damit der autoritäre Graf Flemming sie ihnen nicht raube. Das tat er dann aber doch, und das Loch, welches dabei entstand, verschlang den Findling auf Nimmerwiedersehen. Fontane erzählt, daß die Bürger zum Schaden auch noch den Spott hatten. Denn wenn jemand sich ziemlich dumm anstellte, hieß es fortan: »Geh nach Buckow und laß Dir den Flötz zappen...«
Etwas oberhalb des Marktplatzes steht die Kirche: Um 1300 von den Lebuser Mönchen erbaut, erlebte sie eine wechsel-

Der Marktplatz

volle Geschichte – Feuersbrünste, Blitzschlag, Krieg –, im Mai 1945 brannte sie auf ungeklärte Weise völlig aus und wurde später sehr schlicht wiederhergestellt. Den vielgerühmten Barockaltar kann man nur noch auf Postkarten bewundern. Gegen eine Spende für die Rekonstruktion der Orgel führt der freundliche Küster Interessierte den 42 Meter hohen neugotischen Turm auf schmalen Leitern hoch. Von hier aus hat man eine Sicht bis ins Oderbruch. Der »Dehio«, in dem die bekanntesten Kunstdenkmäler der DDR beschrieben sind, sagt zu der modernisierten Kirche nicht viel. Nur die Taufschale und die Oblatendose hält er für sehenswert. Seit vielen Jahren gibt es während der Saison geistliche Abendmusiken.

Schöne Aussicht

Der Stadtpark

Gleich hinter der Kirche gelangt man in den Stadtpark. Eine Oase der Ruhe mit seinen wertvollen Gehölzen, seiner kunstvollen räumlichen Gliederung, seiner weiten Mitte. Hier findet im Sommer Musik (»Klassik im Grünen«) statt, rings um die Freilichtbühne scharen sich dann die Gäste. Der Stadtpark war ursprünglich Schloßpark, aber das Schloß, von Schinkel umgebaut und im Zweiten Weltkrieg nur wenig beschädigt, wurde Ende der vierziger Jahre abgerissen. Der Sozialismus liebte keine Erinnerungen an feudale Herrensitze.

Mit Kirche und Brunnen im Rücken sieht man das Fremdenverkehrsamt und das Parktheater. Hier befand sich die Burg, mit der die Slawen die Furt durch die Buckower Rinne sichern wollten, hier befand sich das Warmbad aus Buckows Bäderepisode. Das Parktheater bietet Platz für 200 Gäste: Kino, Theater, Konzerte und Vorträge.

Detail vom Buckower Brunnen

Hinter dem Parktheater teilt sich die Straße. Rechts führt sie zum Schermützelsee hinunter, zur Bushaltestelle, zum Strandbad, zum Bootsverleih und zur Anlegestelle des kleinen Fährbootes »Scherri«, mit dem man gemütlich von Kneipe zu Kneipe schippern kann. Getränke und Eis gibt es auch an Bord, »entsorgen« kann man allerdings nur auf dem Festland. Der »Scherri« wartet...

Hinter dem Strandbad zweigt rechts der Weinbergsweg ab, er führt zur Schule und zur Naturparkverwaltung und hinter dem Schloßberg am Griepensee vorbei in die Stadt. Geht man aber von der Badeanstalt weiter geradeaus, gelangt man über einen Fußweg zur berühmten Wurzelfichte, links geht

Wurzelfichte

Im Stadtpark

es westlich um den Schermützelsee herum oder auf die Bollersdorfer Höhe.

Werder

Geht man hinter dem Parktheater nach links, gelangt man auf den »Werder« (slawischer Name für Insel) zwischen Buckow- und Schermützelsee; links von der Werderstraße schlängelt sich die Bertolt-Brecht-Straße mit ihren individuellen Jugendstilvillen in einer großen Kurve zum Ostufer des Schermützelsees hinunter, und gegenüber vom kleinen Parkplatz liegt sie dann, die »Eiserne Villa«, das Brecht-Weigel-Haus, mit seinen beiden Ausstellungsgebäuden und seinem wunderschönen Park. Nebenan, auf privatem Grundstück, kann der Besucher noch das kleine Gartenhaus, in das Brecht sich zum Schreiben zurückzog, den Pavillon und den Bootsanlegesteg sehen.

Brecht-Weigel-Haus

Das Haupthaus ist dreigeschossig, von der ehemaligen Bibliothek gelangt man in einen imposanten Saal, einst ein Bildhaueratelier, der sich mit wandshohen, vergitterten Fenstern zum See hin öffnet. Ein großer Tisch, schwere Stühle und handgewebte Teppiche zeugen von der Gastlichkeit, die hier einmal herrschte, viele Bilder, Dokumente, Fotomappen und Handschriften erzählen vom Leben des Theaterpaares. Im zweiten Ausstellungsgebäude, ehemaliger Bootsschuppen und Garage, steht der Marketenderwagen der »Mutter Courage«, den Helene Weigel einst mit unnachahmlich mühevoll-erschöpften Gesten im Berliner Theater am Schiffbauerdamm auf einer Drehbühne herumgezogen hat. Wenn die Aufzeichnung dieses Stückes nur öfters zu sehen wäre...

Buchladen

Brechtlektüre kann man hier im Museum und im Buchladen

Das ehemalige Gärtnerhaus, Foto aus den 50er Jahren

Brechts Arbeitsraum im Gärtnerhaus, heute nicht mehr zugänglich; Foto aus den 50er Jahren

am Markt kaufen. Besonders empfehlenswert sind die »Geschichten von Herrn Keuner«: »moralische Geschichten von schwerelosem Witz«, wie »Die Zeit« 1979 in einer Besprechung schrieb.

Kurpark und Seepromenade

Die Bertolt-Brecht-Straße endet hinter dem Parkplatz in einem Fußweg zum Kurpark zwischen Buckow- und Schermützelsee, die Seepromenade wurde zur »Bad Buckower« Zeit angelegt, damit auch ältere und kranke Menschen einen schönen Panoramaweg hatten. Den Spaziergänger begleitet hier ein Stück weit der Stobber, der die Buckower Seen miteinander verbindet.

Natur pur – der Naturpark Märkische Schweiz

40 km² unvergleichliche Landschaft

»Bei bloßer Nennung des Namens steigen freundliche Landschaftsbilder auf,« schrieb Fontane über seine Wanderung durch die Märkische Schweiz, »Berg und See, Tannenabhänge und Laubholzschluchten, Quellen, die über Kiesel plätschern, und Birken, die vom Winde halb entwurzelt, ihre langen Zweige bis in den Waldbach tauchen...«
Die letzte Eiszeit hat vor den Toren Berlins einen Reichtum hinterlassen, der weit und breit seinesgleichen sucht. Schon zu DDR-Zeiten wurden 40 Quadratkilometer dieser unvergleichlichen Landschaft unter Landschaftsschutz gestellt. Und dieses kleine Paradies stand jedermann zur Verfügung, denn die Partei-Funktionäre hatte sich rings um den Scharmützelsee bei Bad Saarow verschanzt.
Nach der Wende kamen die Geier in Gestalt von privaten Tourismus-Investoren, die Pläne von riesigen Hotelbauten vorlegten, von Freizeitparks und Zeltplätzen, 250 Hotelbetten neben einem Dorf mit 30 Häusern. Dazu wären natürlich die entsprechenden Dreckplätze gekommen. Dem schob die Landesregierung in Potsdam einen Riegel vor,

Wo die Natur noch intakt ist

Malerisch gelegene Feldsteinkirche

denn dies hätte in Widerspruch zu dem Konzept des 205 Quadratkilometer umfassenden Landschaftsschutzgebietes gestanden, zu dem der Naturpark Märkische Schweiz noch unter der letzten DDR-Regierung 1990 erklärt worden war. So rettete man ein Gleichgewicht zwischen Mensch und Natur, welches durch Industrie und Technik immer seltener geworden ist.

Die Natur braucht viel Pflege

Aber das Landschaftsschutzgebiet will gepflegt sein: Nach alten Plänen werden Hecken angelegt – als Windschutz und als Lebensraum für Insekten. Wo Nahrung ist, finden sich dann auch die Vögel wieder ein. Der weithin begradigte Stobber wird wieder sein altes, verwinkeltes, kurviges, stufiges Bett erhalten, dadurch werden Feuchtwiesen entstehen, und die Fische werden wiederkommen.

Schon jetzt werden entlang der Straße nach Buckow Krötenzäune angelegt, um die Tiere vor den Autos zu schützen, wenn sie zum Laichen auf Wanderung gehen. So mancher

Altes Gehöft

Kahlschlag und so mancher Fehler bei der Wiederaufforstung soll korrigiert werden, damit seltene Vögel die richtigen Nisthilfen erhalten. Tausende von Graugänsen lassen sich schon jetzt auf ihrem Flug im Nordosten der Märkischen Schweiz bei den Altfriedländer Teichen nieder.

Ein Paradies mit einem großen Reichtum an Flora und Fauna

In diesem Paradies befinden sich 24 kleine Orte mit insgesamt 15 000 Einwohnern. Feldsteinkirchen, Dorfteiche, Obstwiesen und Dorfhecken, Moore, Seen und der Mischwald vereinen sich zu einer Landschaft von seltener Schönheit. In ihrem Biotopverbund leben fast 230 Vogelarten, über 800 Farn- und Blütenarten, 49 Tagfalter-, 129 Schnecken- und Muschelarten und 31 Libellenarten. Besonders stolz ist man bei den Naturschützern über See- und Fischadler, Eisvogel und Waldwasserläufer, Fischotter und die Europäische Sumpfschildkröte, auf Kranich und Schwarzstorch. Es blühen Schlüsselblumen, Lerchensporn, Sumpfsitter, bleiches Waldvögelein und das Leberblümchen. 25 Prozent des Naturparks werden landwirtschaftlich genutzt, die Schutzzonen werden

Sanfter Tourismus

abgestuft, damit ein sanfter Tourismus entstehen kann. Inmitten des Naturparks gibt es inzwischen mehrere Pensionen, Fremdenzimmer, Jugendherbergen und Zeltplätze, es gibt Feriensiedlungen und Tagungsstätten, Ausflugsgaststätten und Reiterhöfe und die Möglichkeit zu Urlaub auf dem Bauernhof.

Aber all diese Schönheit verlangt Menschen, die auf leisen Sohlen wandern und zu den Tieren respektvollen Abstand halten. Auto und Kofferradio, lärmende Fröhlichkeit sollten sie zu Hause lassen. Und sich vielleicht doch lieber geführten Exkursionen anvertrauen, damit sie wirklich das sehen, was sie sehen wollen. Die Naturparkverwaltung weiß Rat.

Wanderwege durch die Märkische Schweiz

Rund um Buckow und im Naturpark Märkische Schweiz gibt es bereits ein gut ausgebautes Wanderwegenetz, das Zug um Zug erweitert werden soll. Der pensionierte Lehrer und Buckower Chronist Karl Wieland hat die folgenden Routen zusammengestellt. Sie liegen in den Wäldern östlich von Buckow zwischen Schermützel- und den beiden Tornowseen. Weitere Wege erfährt man bei der Gästeinformation oder der Naturparkverwaltung.

Rundwanderung: Günther-Quelle – Großer Tornowsee – Silberkehle – Dachsberg – Wolfsschlucht – Krugberg – Poetensteig – Giebelpfuhl – Günther-Quelle

• Von der Günther-Quelle (nach dem Grafen Günther von Itzenplitz benannt) am Hopfenweg, folgen wir dem Lauf des Stobber bis ans östliche Ufer des Großen Tornowsees (Markierung gelber Strich). Geht man am Ufer ein wenig nach Westen, hat man einen prächtigen Blick über den See auf das Schloß der Familie Itzenplitz, heute ein Kinderheim (1,9 km).

• Weiter geht man am Ufer des Tornowsees zur Silberkehle, wo man den glitzernden Sand bewundern kann (0,8 km; Markierung grüner Strich).

• Durch die Silberkehle gelangt man zum Dachsberg. Von hier aus hat man einen schönen Blick auf den Kleinen Tornowsee (wie ihn schon Fontane beschrieb). Der Dachsberg soll seinen Namen entweder nach den Dachsbauten oder nach seiner Form, die einer Dachsschnauze ähnelt, erhalten haben (1,0 km).

• Vom Dachsberg geht es zum Teufelsstein, von dem die Sa-

Heuballen am Wegesrand

ge erzählt, daß ihn der Teufel aus Ärger über ein verlorenes Kartenspiel gespalten haben soll. Mit einem Abstecher in die Wolfsschlucht (0,4 km).

• Vom Ende der Wolfsschlucht führt ein ziemlich gerader Weg zum Krugberg, von dessen »alpiner«, 130 Meter hoher Kuppe man nach Pritzhagen und bei klarem Wetter bis weit ins Oderbruch sehen kann. Hier steht ein Feuerwachturm (0,6 km).

• Vom Krugberg geht es durch die Drachenschlucht zur Wurzelfichte (Markierung gelber Punkt), die ihre nackten Wurzelarme wie eine riesige Krake über den Boden krallt. Betreten verboten, denn der 30 Meter hohe, 160 Jahre alte Baum, dessen Stammumfang 2,50 Meter mißt, möchte noch ein paar weitere Jahre leben (0,4 km).

• Von der Wurzelfichte führt der romantische Poetensteig zur Haselkehle, wo 1914 von brandenburgischen Soldaten Findlinge gesprengt wurden (0,7 km).

Der Poetensteig

• Von der Haselkehle über den Moritzgrund zum Giebelpfuhl. Der Giebel ist ein kleiner Fisch, man kann aber auch bald wieder Molche, Frösche und Kröten finden (1,1 km).
• Am Giebelpfuhl wendet sich der Wanderweg scharf nach rechts (Süden) und endet an der Günther-Quelle. Wer alles geschafft hat, kann stolze 8,4 Kilometer verbuchen. Man kann natürlich auch einzelne Etappen erwandern.
Übrigens: Die Zeiten überdauert haben nicht nur die Findlinge, sondern die deftigen Naturschutzsprüche des Herrn von Oppen, dem der schöne Wald bei Bollersdorf gehörte. Einen davon findet man an der Günther-Quelle, einen in der Haselkehle, einen auf dem Weg vom Krugberg zur Wurzelfichte. Viele andere sind nur noch Erinnerung.

Wandertip: Roseneck Buckow – Frühstückseiche – Großer Klobichsee – Münchehofe – Alte Mühle – Pritzhagener Mühle – Buckow

Vom Roseneck geht man die Treppen hoch zum Luisenberg (rote Markierung). Der Weg kreuzt dann die Alte Berliner Straße, hier steht die sogenannte Frühstückseiche, an der der junge Friedrich der Große auf seiner Reise ins Gefängnis von Küstrin gerastet haben soll (300 Jahre alt). Friedrich wurde von seinem Vater wegen des Verdachts homosexueller Neigungen zu seinem Freund Katte, und weil beide ihre Flucht aus Preußen geplant hatten, inhaftiert. Katte wurde in Küstrin hingerichtet, der Kronprinz mußte den Tod des Freundes mitansehen (2,1 km).
• Dieser Gebietswanderweg führt weiter zum Großen Klobichsee bei Münchehofe. Hier befand sich ein Wirtschaftshof der Lebuser Mönche (2,3 km).
• Rechts kann man zum Zeltplatz Münchehofe mit Badestrand abzweigen und kommt, wenn man durch den Ort geht und links einbiegt, auf den blau markierten Hauptwanderweg zur Alten Mühle, einer jener vielen Loh- und Gerbermühlen, die vom Stobber angetrieben wurden. Sie hatte bis 1970 eine eigene Turbine (1,5 km).
• Nur wenige Wanderminuten weiter in Richtung Buckow führt der Weg vorbei an »Drei Eichen«, dem Besucherzentrum für Natur- und Umwelterziehung des Vereins Naturschutzparks Märkische Schweiz e.V. Weiter geht es in Richtung Pritzhagen zur Pritzhagener Mühle (Markierung grüner Strich). Sie wurde schon 1375 erwähnt, war seit 1827 Restaurant, brannte 1945 ab und wurde später auf der anderen Seite des Stobber wiederaufgebaut. Auf halber Länge führt der Wanderweg Theodor Fontanes nach Buckow zurück (2,2km).

Blick von der Bollersdorfer Höhe auf den Schermützelsee

Wandertip: Rund um den Schermützelsee

Beginnen wir ihn am Brecht-Weigel-Haus. Unmittelbar hinter dem Haus taucht er in einen wunderbaren Wald ein, führt am Reicheltsberg und am Weißen See vorbei zum Fischerberg mit seinem herrlichen Panoramablick. Dann vorbei an zwei Anlegestellen des kleinen Fährbootes »Scherri« und mehreren Raststätten, vorbei an der tiefsten Stelle des Sees (45 Meter) bis hinauf zur Bollersdorfer Höhe, von der aus man über den ganzen langgestreckten See sehen kann. Hier ist Halbzeit und ein schönes Restaurant zum Rasten.

In der Nähe des Restaurants befindet sich das Kinderheim »Weiße Taube«, von der eine der vielen märkischen Sagen erzählt. Die Hütte eines slawischen Fischers soll hier gestanden haben, dessen Tochter »Weiße Taube« hieß. Sie pflegte entgegen dem strengen Verbot ihrer Priester einen deutschen Ritter namens Balder (Baldur?) gesund, der die Fischerstochter heiratete und das Dorf Baldersdorf (später Bollersdorf) gründete. Unweit der Hütte entstand um die Jahrhundertwende ein Hotel, das heute ein Kinderheim ist. Von der Bollersdorfer Höhe fällt der Weg steil ab und führt als Egon-Erwin-Kisch-Weg und Wriezener Straße in die Stadt zurück (7,5 km).

Ausflüge in die Umgebung

Bad Freienwalde

Das Konkurrenzstädtchen von Buckow ist eine alte slawische Siedlung und wurde 1316 erstmals erwähnt. Seit 1924 durfte es sich wegen seiner eisenhaltigen radioaktiven Quellen offiziell »Bad« nennen, Kurgäste wie der Große Kurfürst und König Friedrich I. förderten den Ausbau der Stadt.

Pfarrkirche

Schloß und Park

Sehenswert: Die Pfarrkirche, ein echter spätgotischer Backsteinbau mit reizvollem Interieur, das frühklassizistische Schloß, 1798/99 von David Gilly für Luise-Friederike von Preußen als Witwensitz erbaut, später Wohnsitz von Walter Rathenau. Sehenswert auch der Schloßpark mit seinem Teehäuschen, als kleines Schauspielhaus konzipiert, später Klubhaus.

Kurhäuser aus dem 18. Jh.

In der Nähe des Kurhauses ein Landhaus (Internat) von Langhans, der auch das Brandenburger Tor in Berlin baute und einige Kurhausbauten aus dem 18. Jahrhundert, die 1960 zum Teil abgerissen wurden.

Das Oderlandmuseum

Im ehemaligen Freihaus von Uchtenhagen, einem Fachwerkhaus aus dem 18. Jahrhundert, befindet sich heute das Oderlandmuseum.

Die Pfarrkirche in Bad Freienwalde

Das Gilly-Schlößchen in Bad Freienwalde

Das Kloster Chorin

Kloster Chorin

Eine der schönsten Zisterzienser-Backsteinkirchen der Mark Brandenburg liegt ungefähr 100 Kilometer nördlich von Buckow, am besten über den Berliner Ring und die Autobahn nach Prenzlau und Ausfahrt Eberswalde zu erreichen. Die Anlage übt einen schwermütigen Reiz auf den Betrachter aus, erst auf den zweiten Blick erkennt man das filigrane Schmuckwerk der Steine. Im Sommer gibt es hier wunderbare Konzerte im Freien, und man bekommt einen Eindruck vom Leben und dem Glauben der bescheidenen arbeitsamen Mönche, die sich vorwiegend in sumpfigen Gegenden niederließen und das Land urbar machten. »Bete und arbeite« war ihre Devise.

Sommerkonzerte

Das Schiffshebewerk Niederfinow

Schiffshebewerk Niederfinow

Nicht weit von Chorin liegt das technische Wunderwerk aus den späten zwanziger Jahren, welches die vier Treppenschleusen des Oder-Havelkanals ersetzt, der zur höher gelegenen Elbe führt. Der Stahlgigant in Stichworten: 157 Meter Länge, 34 Meter Breite, die vier Meter starke Betonwanne hat ein Leergewicht von 18 000 Tonnen. Der Kahn fährt in einen Trog, der mit Wasser gefüllt wird und überwindet die 36 Meter Höhenunterschied in 20 Minuten. Jahresleistung: 11,5 Millionen Eichtonnen.

Ein Stahlgigant

Das Oderbruch

Das fruchtbare, tiefliegende, von vielen Oderarmen durchzogene Land war einst eine wüste Gegend, in der die Leute, wie Fontane einen Zeitzeugen berichten läßt, keine Kultur hatten, dafür aber reich waren: Es gab Fische, Krebse, Früch-

Im Oderbruch

Das Schloß in Neuhardenberg

Meliorisierungsarbeiten im 17. und 18. Jh.

te und Tiere in verschwenderischer Fülle. Schon der Große Kurfürst (1620 - 1688) begann mit der Eindeichung des immer wieder von schweren Überschwemmungen heimgesuchten Landes, der »Soldatenkönig« Friedrich Wilhelm I. (1713-1740) nahm die Arbeit wieder auf, sein Sohn, Friedrich II.(»der Große«, 1740 - 1786) führte sie zu Ende, indem er aus allen Ländern Europas Siedler anwerben ließ, denen er Schulen und Kirchen baute, Religionsfreiheit zusicherte und Land schenkte. Vor allem die wegen ihres protestantischen Glaubens in Frankreich verfolgten Hugenotten fanden bei ihm eine Zuflucht. Viele Dörfer tragen heute noch französische Namen.

Das Oderbruch wurde aber auch wegen der schweren Kämpfe zwischen der Roten Armee und der Deutschen Wehrmacht im April 1945 bekannt, Zehntausende von Soldaten aus beiden Seiten des Lagers ließen am sogenannten Ostwall ihr Leben, kein Stein blieb auf dem anderen.

Mahnmal

Sehenswert sind das Mahnmal auf der Seelower Höhe und das von Marxwalde in Neuhardenberg zurückgetaufte, klas-

Schloß Neuhardenberg

sizistische Dorf mit dem von Karl Friedrich Schinkel umgestalteten Schloß – ein Geschenk Friedrichs des Großen an seinen Adjudanten von Pritzwitz, der ihm in der Schlacht bei

Kunersdorf das Leben gerettet hatte. 1814 erhielt es Staatskanzler Karl August von Hardenberg in Anerkennung seiner Verdienste um den preussischen Staat. Es enthält noch immer Gemälde und liegt in einem zauberhaften Park.
Unweit Neuhardenberg kann man in Letschin die Apotheke von Fontanes Vater besichtigen, einen Kirchturm von Schinkel im Stil märkischer Backsteingotik, und ein Denkmal Friedrichs des Großen, das die Letschiner Bürger zur DDR-Zeit erfolgreich vor dem Zugriff des Sozialismus versteckt hatten und 1986 zur 650-Jahr-Feier des Ortes wieder hervorholten, trotz manchem Ärger mit den Genossen. Es durfte dann schließlich nur verhüllt aufgestellt werden.

Das Friedrich-Denkmal in Letschin

Einen Besuch lohnt auch Kienitz, das kleine Dorf hinter den Deichen mit seiner ausgebrannten Kirche, die inmitten der schwermütigen Oderlandschaft immer noch so etwas wie mediterrane Heiterkeit verbreitet. Die Gegend um Kienitz ist eine Künstleroase, es gibt einige Galerien und Ausstellungsräume.

Kostrzyn (Küstrin)

Wer einen Abstecher nach Polen machen will, kann dies auf dem neueröffneten Übergang nach Kostrzyn (Küstrin) tun, aber einen historischen Stadtkern wird er vergebens suchen. Nur Reste der Festung sind noch zu sehen.

Reitwein

Es empfiehlt sich eher, an den Oderdeichen entlang nach Norden zu fahren und Reitwein, das Dorf mit dem historischen Heiratsmarkt am Sonntag nach Pfingsten, zu besuchen. In Reitwein ist auch die Kirche sehenswert: Sie wurde nach einem Entwurf des Schinkel-Schülers Friedrich August Stüler gebaut.

Lebus

Kurz vor Frankfurt an der Oder liegt Lebus, der Ort, dem Buckow eng verbunden ist: Einst strategisch wichtiger Streitpunkt zwischen Slawen und Germanen mit wechselnder Herrschaft, Bistum bis 1376, nach der Stadtgründung Frankfurts und der Säkularisierung bedeutungslos geworden, im Zweiten Weltkrieg schrecklich zerstört. Heute kann man noch die Stadtkirche besichtigen, einen 1945 zerstörten und 1965 wiederhergestellten Putzbau von 1810, zum Teil noch Ruine. Weiter sind Reste der einstigen Slawenburg zu sehen, Umfassungsmauern, Rundtürme und Toranlagen. Man ist hier schon fast in Frankfurt/Oder, hebe sich einen Besuch aber lieber für einen anderen Ausflug auf.

Oderbrücke in Frankfurt /Oder in den dreißiger Jahren, 1945 gesprengt

Frankfurt /Oder

Die 1253 gegründete, im Zweiten Weltkrieg schwer zerstörte Stadt gehörte von 1368 bis 1518 dem Hansebund an und gelangte in ihrer mittelalterlichen Blütezeit zu bedeutendem Wohlstand. 1506 wurde die Viadrina, die Oder-Universität gegründet, die bald einen bedeutenden Ruf gewann, mit Studenten wie Thomas Müntzer, Ulrich von Hutten, den Gebrüdern von Humboldt und dem in Frankfurt geborenen Dichter Heinrich von Kleist. Um 1530 gründete sich hier auch das erste bürgerliche »Collegium musicum« Deutschlands, das sich

Singakademie

später als Singakademie Philipp Emanuel Bach einen Namen machte. Im Laufe des 19. Jahrhunderts wurde Frankfurt immer mehr zu einer Beamten- und Garnisonstadt. Inzwischen gibt es hier die erste Europa-Universität und auf der anderen Seite der Friedensbrücke einen interessanten polnischen Bazar, auf

Bazar

dem man billige Fernostklamotten, Felle und Kristall, aber auch preiswertes Obst und Gemüse erstehen kann.

St. Marien und Getraudenkirche

Von der stattlichen Backsteinkirche St. Marien ist noch einiges erhalten, aber ihre Kunstschätze sind in der Gertraudenkirche in der Oberstraße sichergestellt. Sehenswert auch das

Rathaus

Kleistmuseum

Rathaus aus dem 13. Jahrhundert mit seiner Galerie »Junge Kunst«, das Kleistmuseum in der Faberstraße und die Konzerthalle in der ehemaligen Franziskanerkirche. Auf der Frie-

Friedensbrücke

densbrücke kann man eine Weile die herrliche Oderbruchlandschaft auf sich wirken lassen. Vielleicht ist noch Zeit für

Musikkabinett

einen Besuch im Musikkabinett (Collegienstraße), wo historische Musikinstrumente vorgeführt werden. Alle Öffnungszeiten erfragen Sie am besten in der Gästeinformation Buckow. Die Punkthochhäuser der Stadt erinnern übrigens an die Silhouette im anderen Frankfurt.

Fürstenwalde

Die etwa 25 Kilometer südlich von Buckow gelegene Stadt an der Spree war um 1373 bischöfliche Residenz und später ein wichtiger Umschlagplatz für den Handel zwischen Berlin und Frankfurt/Oder, Zentrum der Tuchmacherei. Autobahn, Oder-Spreekanal und Eisenbahnbau bescherten ihr eine rasche industrielle Entwicklung, bis auch sie im Zweiten Weltkrieg schwer zerstört wurde. Heute noch sehenswert: Die stattliche spätgotische Backsteinkathedrale St. Marien, im Innern neugotisch, bis auf das Sakramentshaus. Mehrere interessante Grabsteine. Das Rathaus aus verputztem Feld-

Frankfurt/Oder heute

St. Marien, Fürstenwalde (links); Stadtturm in Fürstenwalde (rechts)

stein (um 1500), 1945 vollständig ausgebrannt, 1961-68 wiederhergestellt, neu die Form der Turmhaube. Von der Stadtbefestigung mit Mauer, Wall und Graben sind nur noch Reste, von den schönen Wohnhäusern aus dem 18. und 19. Jahrhundert nur noch wenige erhalten. Das Stadt- und Kreismuseum informiert über Stadtgeschichte und Heimatkunde.

Alte Stadtbefestigung

Der Bahnhof von Bad Saarow-Pieskow

Das Maxim-Gorki-Haus in Bad Saarow-Pieskow

Bad Saarow-Pieskow

Alter Kurort

Dorfkirche

Scharmützelsee

Dieses Städchen ist bemerkenswert, weil es noch einen richtigen Trinkpavillon für seine Heilquelle und einen putzigen Bahnhof hat. Die Kuranlagen waren zu DDR-Zeiten von Russen besetzt, inzwischen hat man mit der Restaurierung begonnen. In der Dorfkirche, einem Backsteinbau von 1901 befindet sich ein hölzerner Altaraufsatz von 1661. Bei einem Ausflug an den Scharmützelsee kann man herausfinden, was ihn vom Schermützelsee außer dem einen Buchstaben sonst noch unterscheidet.

Kurz angemerkt

Alle Angaben sind ohne Gewähr. Anregungen und Ergänzungen senden Sie bitte an den Argon Verlag, Der Reisebegleiter Märkische Schweiz, Potsdamer Str. 77-87, 10785 Berlin.

Auskunft

Fremdenverkehrsamt Märkische Schweiz, Wriezener Str. 1 a, 15377 Buckow, © 371, 57500; Zimmervermittlung, Veranstaltungskalender, Kremserfahrten

Anreise

Mit dem Auto Wer in die Märkische Schweiz will, fährt mit dem Auto am besten quer durch Berlin und fädelt sich am Alexanderplatz in die Bundesstraße 1/5 nach Küstrin und Frankfurt/Oder ein. Weiter geht es über den Straußberger Platz auf der Frankfurter Allee (frühere Stalinallee) entlang, vorbei an Biesdorf, Kaulsdorf, Mahlsdorf und Marzahn. Bei Hellersdorf kreuzt man den Berliner (Autobahn)Ring, und es geht weiter über Rüdersdorf, Lichtenow und Hoppegarten, bis man nach etwa 50 Kilometern in Müncheberg links abbiegen muß. Von hier sind es nur noch knappe zehn Minuten über Waldsieversdorf nach Buckow, dem Zentrum der Märkischen Schweiz.

Eine andere Möglichkeit ist, vom Berliner Ring beim Autobahndreieck Spree-Eck auf die E 30 nach Frankfurt/Oder zu fahren. Bei der Ausfahrt Fürstenwalde dann nach Norden abbiegen und über die Dörfer weiter bis Müncheberg und Buckow.

Wo auch immer Sie herkommen: Mit dem Auto werden Sie aus Berlin-Mitte wahrscheinlich ein bis eineinhalb Stunden brauchen, daher empfehlen sich die Öffentlichen Verkehrsmittel, mit denen es etwa genausoschnell geht.

Mit der Bahn Sonderzüge mit der Direktverbindung Berlin - Buckow verkehren jeden Samstag ab Bahnhof Lichtenberg. Während der anderen Wochentage geht es nicht ganz so bequem: mit dem Zug bis Müncheberg und weiter mit Bus oder Bahn nach Buckow.

Bahnhof Buckow, Bahnhofstraße, © 206

Mit der S-Bahn vom Alexanderplatz bis nach Strausberg (Endstation) und weiter mit Bus oder Bahn bis Müncheberg und dann mit der Kleinbahn nach Buckow.

Mit dem Bus Ein Fahrradbus fährt zwischen U-Bahnhof Hönow (Berlin) und Buckow in der Zeit vom 28. 6. - 8. 8. täglich, ansonsten Sa/So/feiertags.

Ärztliche Versorgung

Notruf Polizei 110
Feuerwehr 112 oder 384
Rettungsdienst 0222017

Praktischer Arzt *Sanitätsrat W. Kemper*, Wriezener Str. 44, Buckow, © 033433/295, auch Kinderheilkunde
Dr. med. U. Zeisler, Ringstr. 22, Buckow, © 033433/369

Gynäkologe *Dr. med. Melchert*, Wriezener Str. 12, Buckow, © 033433/330

Internist *Dipl. med. W. Funder*, Königstr.55, Buckow, © 033433/222

Zahnarzt *Margit Immisch*, Hauptstr. 87, Buckow, © 033433/6022
Andrea Rong, Wriezener Str. 55, Buckow, © 033433/6090
Lutz Wienke, Ringstr. 22, Buckow

Apotheke Adler-Apotheke, Hauptstr. 3, Buckow, © 033433/228

Auto

Autoreparaturen *Walter Jahrmatter*, Wriezener Str. 18, Buckow, © 033433/209

Tankstellen In Buckow selbst gibt es noch keine Tankstelle. Die nächsten befinden sich in Müncheberg (10 km), Strausberg (20 km) und Rehfelde (20 km)

Buckow

PLZ: 15377
© 033433
ca. 2000 Einwohner

Auskunft *Fremdenverkehrsamt*, Wriezener Str.1a, © 371, 57500
Stadtverwaltung, Hauptstr. 1, © 256 oder 320

Gaststätten *Café Behrend*, Am Buckowsee, © 318
Deutsches Haus, Königstraße 12, © 488
Fischerkehle, Fischerberg 7, © 374
Schloßburg, Am Buckowsee, © 385; mit Pension
Seeterrassen, Am Strandbad, © 279
Zur Märkischen Schweiz, Hauptstr.73, © 464 oder 493

Unterkunft *Hotel Bergschlößchen*, Königstr. 38, © 57312; DM 80,- p. P. mit Frühst., Du/WC; neueröffnet
Hotel Buchenfried, Am Fischerberg, © 287; ab DM 70,- p. P., DU/WC; neueröffnet
Hotel Wilhelmshöhe, Lindenstr.10, © 246; ab DM 53,- p. P., DU/WC; umgebautes Hotel mit Fitness und Solarium
Pension Am Wald, Königstr. 33, © 584; ab DM 35,- p. P.. DU/WC
Haus Lutherstift, Berliner Str. 27, © 221
Pension Lindenstraße, Lindenstr.15, © 202; DM 25,- p.P.
Jugendherberge, Berliner Str. 36, © 286
Camping Großer Klobichsee, © 033432/8765

Angeln Schülers Angelladen, Wriezener Str. 15, © 365
(Informationen, Köder und Angelscheine)

Baden Badeanstalt, Am Schermützelsee, Wriezener Straße, © 234,
in der Saison Mo-Fr 10-18, Sa/So 9-18 Uhr,
bei schönem Wetter auch länger

Bücher *Bibliothek:* Wriezener Str. 5, © 384, Di 9-12 und 15-18, Do 15-19, Fr 9-12 Uhr
Buchhandlung: Märkische Buchhandlung, Königstr. 4, © 359

Bootsverleih Bei der Badeanstalt, Schermützelsee, Mo-Fr 10-18, Sa/So 9-20 Uhr

Fahrradverleih Herr Sigmund, Wriezener Str. 9, © 57148

Disco *Gasthof Mücke*, Königstr. 22, © 581
Gasthof Zur Märkischen Schweiz, Hauptstr. 73, © 464, nur Sa

Natur *Besucherzentrum für Natur- und Umwelterziehung*, Drei Eichen, Königstr. 62, © 201
Naturparkverwaltung, Weinbergsweg, © 474, Fax 444
Naturparkwacht, ist der Naturparkverwaltung angeschlossen, © 6063; naturkundliche Wanderungen
Verein Naturschutzpark Märkische Schweiz, Hauptstr. 60, © 358

Sehenswertes *Brecht-Weigel-Haus*, Bertolt-Brecht-Str. 29, © 467;
tgl. außer Mi 13-18 Uhr, Mi reserviert für angemeldete Gruppen;
November - März Di/Do/Fr 10-12 und 13-16 Uhr,
Mi/Sa reserviert für angemeldete Gruppen
Parktheater, Wriezener Str. 1; Wiedereröffnung im Herbst 1993, geplant sind Konzerte, Kino- und Theatervorführungen.

Post Hauptstr. 63, © 402

Reiten *Freizeit-Reiter-Zentrum*, Fam. Hildebrand, Am Wald,

15345 Klosterdorf/Strausberg, © 03341/22333; Reiterurlaub, Unterkunft in Bungalows, Pferdevermietung, Reithalle

Rundfahrten *Kremserfahrten* vermittelt das Fremdenverkehrsamt in Buckow. Rundflüge über die Märkische Schweiz, Flugplatz Eggersdorf, Sa/So 10-20 Uhr, © 033432/312
Schiffsrundfahrten »SEETOURS« Märkische Schweiz, Wolfgang Katerbau, Bertolt-Brecht-Str. 11, © 232; einstündige Linienfahrten auf dem Schermützelsee Di-So 10-17 Uhr (Abfahrt zu jeder vollen Stunde) mit Halt an den Gaststätten Buchenfried und Fischerkehle.

Taxi Kühn, Lindenstr.31, ©249

Töpferei Bundels, Berliner Str. 35

Wandern Die Märkische Schweiz verfügt über ein Wanderwegenetz, das im Ausbau begriffen ist, detaillierte Wanderkarten erhält man beim Fremdenverkehrsamt. Die Naturwacht bietet naturkundliche Wanderungen für einzelne und Gruppen an (© 6063).

Pritzhagen

ca. 300 Einwohner
PLZ 15377
© 033433

Gasthof und Pension *Pritzhagener Heide*, Lindenstraße, © 842

Reiten *Reitgestüt Senftleben*, Lindenstraße, © 842

Waldsieversdorf

ca. 1000 Einwohner
PLZ 15377
© 033433

Gaststätten *Camin*, Dahmsdorfer Str. 66 a, © 768
Forsthaus, Eberswalder Chaussee 2, © 453
Waldblick, Dahmsdorfer Straße, © 713

Unterkunft *Ferienpark Däbersee*, Dahmsdorfer Str. 107, © 448; Bungalow-Vermietung

Baden Eine Badestelle gibt es am Großen Sieversee, allerdings ohne Bademeister.

Fahradverleih *Stehr*, Dahmsdorfer Str. 21, © 707

Touren in die Umgebung

Auskunft *Bad Freienwalde:* Oberbarnim-Information, Karl-Marx-Str. 25, 16259 Bad Freienwalde, © 03344/3402
Bad Saarow-Pieskow: Kurverwaltung, Seestr. 5, 15526 Bad Saarow-Pieskow, © 033631/2142
Chorin und Schiffshebewerk: Über die Eberwalde-Fremdenverkehrs-Information, Pavillonplatz, 16225 Eberswalde, © 03334/64501
Frankfurt/Oder: Tourist-Information, Karl-Marx-Str. 8a, 15230 Frankfurt/O. © 0335/32 52 16
Fürstenwalde: Information und Zimmervermittlung, 15517 Fürstenwalde, © 03361/32003

Wanderkarte Buckow und Umgebung

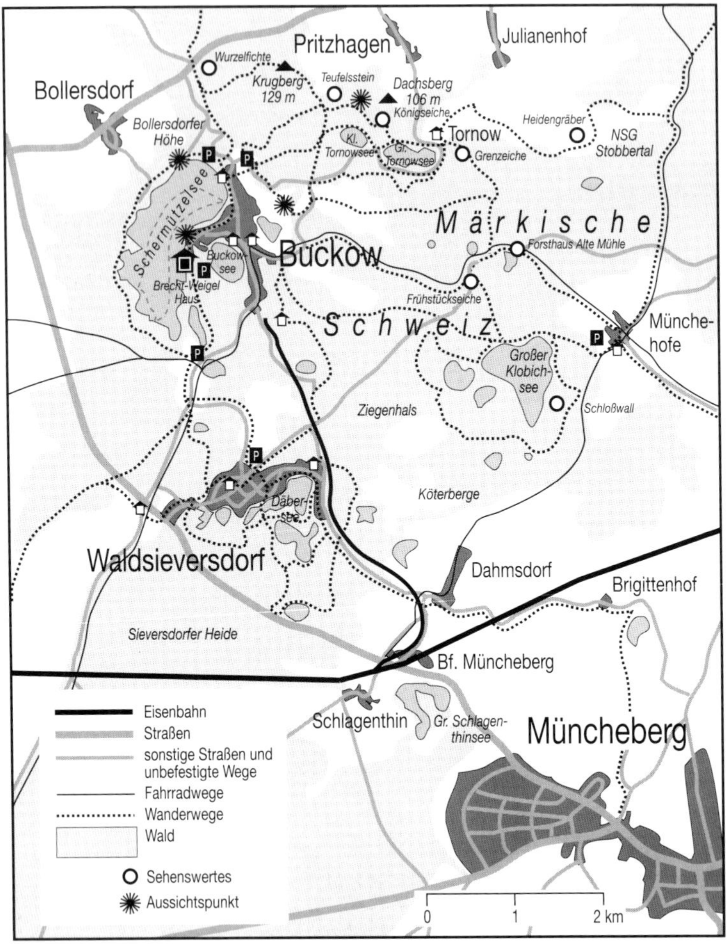